AF501701

LES

MINES ET GISEMENTS D'OR

De l'Afrique Occidentale

PAR

ÉMILE SERRANT

INGÉNIEUR-CHIMISTE

Membre de la Société Chimique de Paris, etc.

PARIS

NADAUD & Cie, ÉDITEURS

47, rue Bonaparte, 47

—

1889

LES

MINES ET GISEMENTS D'OR

De l'Afrique Occidentale

PAR

ÉMILE SERRANT
INGÉNIEUR-CHIMISTE
Membre de la Société Chimique de Paris, etc.
Chargé de Mission par le Ministère de la Marine et des Colonies.

PARIS
NADAUD & Cie, ÉDITEURS
47, rue Bonaparte, 47

1889

NOTICE

SUR

LES MINES & GISEMENTS D'OR DE L'AFRIQUE OCCIDENTALE

I

Les Mines et Gisements d'Or dans le Haut-Sénégal. — Le Bambouk et le Soudan Occidental. — Explorations, Reconnaissances et Descriptions des Mines et Gisements. — Un placer de plusieurs Milliards.

Toutes les régions de l'Afrique Occidentale qui s'étendent dans le haut bassin du Sénégal, de la Falémé, du Bafing, de la Gambie et du Niger possèdent de riches gisements et mines d'or aujourd'hui parfaitement reconnus.

Mais c'est surtout dans le bassin de la Falémé, en remontant le fleuve vers le Sud, dans les pays du Bambouk, du Diebedougou, du Konkadougou et du Sangaran, puis plus loin dans le Bouré et le Ouassoulou que l'on peut voir des gisements aurifères immenses, considérés avec raison comme les plus riches du monde.

La zone aurifère de l'Afrique Occidentale s'étend entre le 9° et le 15° de latitude Nord et entre le 2° et le 16° de longitude Ouest de Paris, y compris le Fouta-Djallon, la Côte-d'Or et le pays des Achantis. Mais dans cette étude nous ne voulons nous occuper que des territoires dépendant du puissant massif ou nœud du Fouta-Djallon, d'où s'échappent au Nord le Sénégal, la Gambie et la Falémé. C'est précisément vers les sources et le cours supérieur de ces différents fleuves que se trouvent les plus riches gisements d'or ou plutôt les mieux connus.

Le pays du *Bambouk* situé entre le Sénégal, le Bafing et la Falémé est connu depuis longtemps pour sa richesse aurifère ; et l'abondance de l'or y est telle dans tout le pays que les indigènes l'ont appelé la *Terrasse d'Or*.

Déjà au commencement du XVIIIe siècle, l'explorateur Compagnon, envoyé par le gouverneur du Sénégal André Brüe pour visiter le Sud-Ouest du Sénégal put constater (ce sont ses propres expressions) que « *le sol tout entier du Bambouk forme un immense placer d'or.* »

Toutes les explorations faites récemment n'ont fait que confirmer l'opinion et les descriptions de Compagnon.

Aussi un savant géologue et minéralogiste américain, Alfred Lock, éditant dernièrement à New-York la carte des pays aurifères du monde entier, n'hésitait pas, d'après ses renseignements et de savantes déductions, à placer le Bambouk au premier rang des pays aurifères, et bien au-dessus de la Californie.

Depuis longtemps d'ailleurs, malgré la nonchalance et l'apathie des indigènes, malgré leur dédain et leur mépris pour la recherche et l'exploitation de l'or qu'ils considèrent comme un travail dégradant, l'or de ces régions était exploité à l'état brut, comme monnaie, près des établissements européens de la côte d'Afrique.

André Brüe, gouverneur du Sénégal sous Louis XV, put envoyer en France, dans une seule année, jusqu'à *neuf millions d'or*, provenant de cadeaux, troques et échanges.

Dès les temps les plus reculés, il y a eu aussi les Maures du Maroc, de l'Algérie, de la Tunisie et de la Tripolitaine qui tiraient des contrées du Sénégal et du Soudan tout l'or du commerce pour leur pays et pour Tombouctou et l'Égypte.

La *Côte d'Or*, en Afrique, doit son nom bien significatif à l'or qu'on y apportait autrefois. C'était une peuplade, les *Akémites*, très habiles dans l'art d'exploiter l'or, qui l'apportaient à la côte. Mais vaincus alors et chassés par des voisins, ils se retirèrent plus loin à l'intérieur.

Ce qui peut renseigner d'une façon positive sur les gisements aurifères du Haut-Sénégal, du Bambouk et du Soudan français, ce sont les témoignages de certains auteurs qu'il convient de consigner ici, témoignages tout-à-fait sincères et précis.

Voici d'abord un extrait de la remarquable thèse de M. Berlioux :

« Le voyage de Compagnon dans le Bambouk, en 1716, dit-il, doit certainement compter comme une des expéditions les plus remarquables qui aient jamais été faites dans l'Afrique Occidentale, à cause de l'importance et de l'étendue des gisements aurifères dont il a signalé l'existence. En effet, dans une contrée dont la superficie est presque de deux cents lieues carrées, il a rencontré de nombreuses mines d'or d'une richesse véritablement extraordinaire. » *André Brüe* ou *l'Origine de la Colonie Française du Sénégal, par E.-F. Berlioux, Paris* 1874. *Guillaumin, éditeur*.

Et tout ce qui a été raconté par Compagnon dès l'année 1717 sur les gisements et mines d'or des pays qu'il avait explorés a été pleinement confirmé par les voyageurs contemporains qui ont pu visiter ces pays ainsi qu'on le verra plus loin.

Pendant le voyage de Compagnon à Guinguifaranna, sur la rive droite de la Falémé, le chef du pays voulant montrer la richesse aurifère du terrain « et pour faire voir à Compagnon combien ce pays était abondant en ce riche métal, et qu'il n'était pas même besoin de travailler beaucoup et de creuser, il fit prendre de la terre au premier endroit et sans choix, la fit laver en sa présence, et on trouva au fond de la sébile un or très pur et qui fondait avec la dernière facilité. » *Nouvelle relation de l'Afrique Occidentale, par le père Jean-Baptiste Labat, de l'Ordre des Frères-Prêcheurs, page* 48, *tome IV. Paris, chez Guillaume Cavelier*, 1728.

Dans le cours du voyage, Compagnon collectionnait les *cassots* ou têtes de pipe que les nègres façonnaient avec une terre argileuse riche en or et qu'ils appelaient *guinguan*. Ces *cassots* contenaient des grains et des paillettes d'or parfaitement visibles.

« Ceux qui n'ont jamais vu de ces cassots, écrivait le père Labat, pourront contenter leur curiosité quand il leur plaira ; j'en ai, et je me ferai un plaisir de les leur montrer. » *Labat, tome V, pages* 53 et 38.

Au voisinage du village de Netteko, Compagnon visita des gisements qui existent encore aujourd'hui et ne sont l'objet d'aucune exploitation. Ces gisements font partie d'un des contreforts de la chaîne des collines du Tambaoura : « Ce qui paraît certain, c'est que le monticule de Netteko est un amas d'or en petits grains et en paillettes, mêlés à une terre grasse et argileuse, à du sable d'émeri, à de la mine de fer en grains, et à de petits morceaux d'émeri concassés, qui sont toujours superficiellement chargés d'or; qu'il n'est pas un seul pied cube de ce monticule qui ne soit chargé de ce métal. » *Golbery, tome I, page* 448.

En 1844, Anne Raffenel visite aussi une partie du Bambouk, et il est témoin de l'exploitation de l'or par les indigènes : « Il est impossible, dit-il, qu'en assistant aux préparations et au traitement des schistes et des sables aurifères extraits de la mine que nous visitons, on ne soit frappé des vices nombreux accompagnant cette double opération : d'abord c'est le peu de cas que font les orpailleurs des morceaux de roches schisteuses dont les couches, feuilletées et séparées par des parties terreuses, laissent voir, entre chacune d'elles, des paillettes d'or que le frottement imprimé avec les mains ne peut évidemment suffire à détacher; ensuite c'est le lavage qui, tel que nous l'avons vu exécuter, laisse perdre en assez grand nombre les paillettes aurifères obtenues à la suite de la première et imparfaite manipulation. » *Anne Raffenel. Voyage dans l'Afrique Occidentale. Paris* 1846.

« Le travail de l'or est réputé avilissant pour les noirs, et ils ne se livrent le plus souvent à cette industrie que transitoirement pour y gagner de quoi satisfaire au besoin du moment... Le lavage des terrains aurifères est effectué par des femmes de race mandingue au moyen de la calebasse. » *Dr Ricard. Le Sénégal. Paris* 1865. *Challamel, édit.*

Plus tard, avec les explorations du capitaine Mage, de Bayol et Noirot, du capitaine Pascal, de Lambert et plusieurs autres, dont on peut voir les récits dans des publications récentes, nous pouvons constater sur quelle immense surface s'étendent dans toute l'Afrique Occidentale les gisements aurifères, et par quels moyens primitifs et enfantins les indigènes jusqu'à maintenant n'ont fait qu'effleurer leur surface en de rares endroits.

Mais il convient de citer encore quelques auteurs et explorateurs dont la véracité, la bonne foi et la saine appréciation ne sont d'aucun doute pour personne.

« Le village de Koumakhana, dit le colonel Gallieni, est construit sur des gisements aurifères importants... Ces mines se composent de petits puits, de quatre-vingt centimètres à un mètre de diamètre et profonds de deux à cinq mètres, que l'on a disposés en quinconces, à quelques mètres les uns des autres...

Arrivés à une certaine profondeur, les ouvriers retirent les déblais au moyen de calebasses tirées par des cordes et, afin de se faciliter la descente, ils réservent sur les parois des trous pour placer les pieds et les mains.

Un sable mêlé de quartz, quelquefois même un véritable gravier contient le précieux métal que l'on retire généralement sous forme de poudre et aussi en petits lingots de la valeur d'un demi-gros (2 gr.). Le voisinage des mares donne toute facilité pour les lavages...

Les mineurs interrompent leur travail au moment des cultures et pendant l'hivernage; mais ils recueillent encore quelque faibles quantités d'or par le singulier procédé suivant. Ils placent au fond des puits, dans les galeries et dans les lits de certains ruisseaux, des os de bœufs ou d'autres gros animaux et des roseaux évidés à l'intérieur. Les terres délayées par les pluies torrentielles de la saison passent à travers en y déposant souvent des parcelles ou de petits grains du précieux métal. » *Voyage au Soudan français par le colonel Gallieni, page* 312. *Paris, Hachette, édit.* 1885.

« On sait que les gisements aurifères ont une immense étendue; du Bambouk et du Bouré, ils se continuent à travers le Ouassoulou, le Miniakala, vers le pays de Kong et probablement au-delà. Les indigènes du Ouassoulou, avec les moyens rudimentaires qu'ils emploient, extraient le précieux métal en abondance, et nul ne peut prévoir quel serait le rendement des mines exploitées sous la direction des Européens; mais on peut affirmer qu'il serait largement rémunérateur. » *Ibid., page* 527.

« Les États nouvellement ouverts à notre commerce sont riches en production de toute sorte... Le Bambouk et les eaux de la Falémé sont riches en produits métallurgiques, à la tête desquels l'or tient la première place; toute la région en un mot, se prête très bien à une exploitation commerciale des produits qu'elle renferme. » *Une Colonne dans le Soudan français, par le colonel Gallieni, page* 66. *Paris,* 1888.

L'illustre explorateur anglais Mungo-Park, en 1805, visita aussi les mines d'or du Sud du Bambouk, à un endroit situé à un kilomètre de Schrondo. Les alluvions aurifères se sont formées là au dépens des roches primitives existant dans le massif entre la Falémé et le Bafing : « Une négresse, dit-il, retira en ma présence d'une demi-livre de sable un grain d'or en deux minutes. » Cette proportion est énorme et constitue une teneur d'environ trois cent cinquante francs à la tonne.

Ce qui peut encore caractériser la richesse aurifère de ces régions, c'est ce fait que des indigènes de pays plus éloignés venaient vers les sources de la Gambie, afin d'y prendre l'argile aurifère dont ils remplissaient des sacs qu'ils chargeaient ensuite sur leurs chameaux; et ils revenaient chez eux, pour y laver cette terre et en extraire l'or, trouvant dans cette opération un bénéfice suffisant.

« Au Bambouk, dit le général Faidherbe, l'or se trouve dans des couches de grès rougeâtre renfermant une grande quantité de morceaux de quartz blanc avec des stries jaunâtres. » *Revue Coloniale, tome XX, page* 670.

Enfin un ingénieur des mines qui a dirigé avec succès des exploitations aurifères en Amérique écrivait ceci tout récemment dans un rapport spécial : « Des terrains donnant 150 francs à la tonne, soit 1 fr. 50 à la battée ne sont pas rares dans les alluvions modernes de la Falémé... La vallée de la Falémé est certainement très riche... Celui qui installera là une exploitation rationnelle réalisera des bénéfices peut-être incalculables. » *Vioux. Rapport sur les gisements du Bambouk.*

Ce qui est donc bien prouvé par des témoignages unanimes, c'est l'étendue et la richesse des gisements aurifères de toutes ces régions qu'on appelle : le Haut-Sénégal, le Bambouk, le Soudan français et les pays du Konkadougou, du Sangaran, du Ouassoulou, etc.

On peut même, par l'étude sérieuse et rationnelle d'un district comprenant une certaine partie de la vallée de la Falémé, évaluer à *vingt-deux milliards* la valeur de l'or contenu dans une couche d'alluvion de cette vallée.

Tout ce qui précède est sans doute suffisant comme résultat de *prospection* générale pour établir l'authenticité et la valeur de ces mines et gisements d'or de l'Afrique Occidentale.

II

Conditions sociales, politiques et économiques du Soudan Occidental. — Les anciens projets d'exploitation minière du gouverneur André Brüe. — La sécurité au Bambouk et dans toute l'Afrique Occidentale.

Il semble étonnant tout d'abord que ces richesses, aussi considérables que celles de la Californie, sinon bien davantage, n'aient pas été déjà l'objet d'exploitations sérieuses; mais il faut considérer qu'il n'y avait jusqu'à dernièrement aucune sécurité pour un établissement quelconque dans ces pays, et que c'est seulement depuis quelques années que l'influence française est assurée dans toutes ces régions.

Il y avait bien des traités de *commerce et d'amitié* dont les premiers dataient du commencement du XVIIIe siècle, alors que les agents du gouverneur André Brüe parcouraient et étudiaient tous les pays du Sénégal et du Bambouk; d'autres traités intervenaient plus tard, traités plus ou moins sérieux et valables comme tous ceux qu'on peut faire avec les chefs et roitelets africains. Et enfin en 1858, le général Faidherbe concluait de nouveaux traités avec les chefs du Bondou et du Bambouk. *(Voir Revue Coloniale, août et octobre* 1858).

Mais tous ces traités, sans compter d'autres plus récents et plus insignifiants, ne suffisaient pas pour ouvrir ces régions à des entreprises commerciales ou industrielles tant soit peu sérieuses.

Il a fallu arriver à la campagne du colonel Gallieni, en 1886-1887 dans le Soudan français, et aux traités de protectorat signés en mai 1887 après l'expédition de Diakha, pour voir enfin ces pays absolument pacifiés, et soumis véritablement au protectorat français.

Et ce qui garantit surtout la paix et la sécurité dans ces régions, ce sont les postes militaires établis en divers endroits et les colonnes françaises qui peuvent désormais parcourir le pays en tous sens.

Aussi dans la conclusion de son rapport sur la campagne de 1886-1887 dans le Soudan français, le colonel Gallieni fait parfaitement ressortir ces avantages : « Comme résultats politiques, dit-il, l'influence française s'est

*

étendue au loin vers le Sud. La situation est devenue tout aussi favorable entre la Falémé et le Bafing. Le Bambouk et tous les Etats qui, un peu à tort, sont indiqués comme appartenant à cette sorte de République, ont signé avec empressement les traités les plaçant sous notre protectorat.... Le Soudan français s'étend, en un mot, de plus en plus vers le Sud, et le temps n'est pas éloigné où nos rivières du Sud et nos possessions du Haut-Sénégal seront comprises dans un même empire colonial, soumis entièrement à notre influence. »

Ce n'est donc plus maintenant le simple protectorat, mais l'occupation française réelle et effective qui s'étend désormais sur tous ces pays.

Lorsqu'en 1715, André Brüe songeait déjà à l'exploitation des mines du Bambouk, il avait très bien compris, lui aussi, que ses traités et ses alliances ne suffisaient pas pour établir en toute sécurité des exploitations minières. Aussi dans ses rapports à la Compagnie dont il était l'agent et directeur au Sénégal, expliquait-il avec détails comment il comptait s'y prendre pour exploiter les gisements aurifères du bassin de la Falémé et pour en acquérir la propriété ou la libre jouissance. Quoiqu'il eût envoyé après l'exploration de Compagnon, d'autres agents « pour examiner le pays et entretenir les alliances que le premier avait faites avec les farims et les bonnes gens de tous ces endroits », ce qui lui sembla nécessaire tout d'abord, ce fut l'érection d'un fort dans la vallée de la Falémé, au-dessus de Kéniéra, sur le territoire d'un chef qui était alors l'ami dévoué et le fidèle allié des Français. De plus, il proposait la construction d'un second fort démontable et en charpente, qu'on transporterait sur les lieux d'exploitation. Quant au personnel nécessaire tant pour la garde des postes que pour les travaux, il en évaluait le chiffre à 210 hommes.

Le projet de Brüe reçut même un commencement d'exécution, car suivant la relation du père Labat, les indigènes permirent aux Français de « marquer les mines et de jalonner la contrée avec des *raques* ou des perches de bois numérotées ». Et dans un autre passage de la relation, l'auteur précise parfaitement la position d'un gisement aurifère, en disant qu'il se trouve « à dix-sept lieues de l'embouchure de la Falémé dans le Sénégal, et à la trente-sixième raque de bois à droite ». — *Labat, tome IV, page* 55.

Mais les projets d'André Brüe en restèrent là. Une compagnie nouvelle succéda à l'ancienne, Brüe fut rappelé en France le 15 juin 1720 ; et la traite des esclaves devenant plus que jamais le commerce principal du pays, le Sénégal était ainsi toujours exploité par des marchands qui le ruinaient, tandis que le gouvernement, suivant l'expression d'un historien, continuait l'application d'un système qui avait compromis les entreprises coloniales de la France.

On peut voir toutefois par la façon dont André Brüe et ses agents avaient été accueillis par les indigènes et avaient pu procéder à leurs études et prospections minières que, dès cette époque, il y avait au Bambouk une complète sécurité pour des Européens. Et le caractère des indigènes n'ayant guère changé depuis, on peut donc assurer qu'aujourd'hui surtout, avec notre protectorat effectif, la sécurité est absolue, même pour d'importantes entreprises commerciales, industrielles ou minières.

Du reste, le caractère de toutes ces peuplades est essentiellement doux, inoffensif et même hospitalier ; et leur moralité est assurément bien supérieure à celle des noirs de la côte d'Afrique, ceux-ci ayant plus ou moins subi l'influence de la *civilisation* de certains blancs.

III

L'Or dans les différents pays aurifères. — Exploitation grossière et rudimentaire de l'Or par les Indigènes en Afrique.

La découverte de l'or est très facile, en raison surtout de ce qu'il existe à l'état natif, et qu'on le distingue facilement sous sa forme de pépites ou de paillettes au milieu des sables et des graviers où il a été entraîné par l'eau des torrents ou des rivières. Aussi l'or était-il connu et même assez commun chez les peuples de l'antiquité, sa métallurgie étant d'ailleurs des plus simples et des plus élémentaires. On le rencontrait alors dans certains pays de l'Europe dont les mines ou gisements ont été épuisés par les anciennes exploitations. Ainsi en Espagne, il y a eu des mines célèbres dont Pline parle longuement et où les Romains n'ont rien laissé, comme ont pu s'en apercevoir ceux qui ont voulu y tenter dernièrement des exploitations.

Les anciens ont aussi tiré beaucoup d'or de la Gaule, ce dont on ne se douterait guère aujourd'hui : « La Gaule, écrivait Diodore de Sicile, ne produit point d'argent, mais elle a été douée par la nature de mines d'or qui ne lui coûtent point de travail... Les habitants possèdent l'art d'extraire l'or par le lavage et de le fondre, et les hommes comme les femmes s'en font des anneaux, des bracelets et des ceintures. »

Cette disparition de l'or dans les pays qui ont pu jadis le fournir avec le plus d'abondance est un fait bien certain et très significatif. C'est ce même phénomène qu'on a vu se produire à notre époque pour la Californie dont tous les riches placers ont été complètement épuisés, les seules exploitations aurifères encore possibles là-bas ne constituant qu'un ingrate industrie obligeant en outre à des travaux immenses et très coûteux.

L'Australie aussi a vu baisser les rendements de ses placers, et leur épuisement est une affaire à brève échéance.

Il en est ainsi de tous les gisements d'or qui, en raison même de leur nature, ne peuvent avoir qu'une durée relativement limitée. Mais il faut ajouter que quand cet épuisement de certains placers ou gisements est survenu, c'est le plus souvent après avoir fourni des quantités d'or véritablement fabuleuses.

En tous cas, en ce moment même où les mines d'or de l'Afrique du Sud ont aussi leur colossal succès, il convient mieux que jamais, et pour plusieurs justes raisons, d'attirer l'attention et de solliciter l'intérêt vers les riches gisements d'or de l'Afrique Occidentale.

Il arrivera d'ailleurs fatalement tôt ou tard que par suite du mouvement d'expansion coloniale et civilisatrice qui se produit actuellement dans toute l'Afrique, les placers du Haut-Sénégal, du Bambouk, du Konkadougou, du Sangaran, du Ouassoulou, etc., constitueront l'élément principal de la richesse coloniale pour toutes ces régions.

C'est ce qui a eu lieu pour la Californie, pour l'Australie et pour le Transvaal où les exploitations aurifères, tout en fournissant leurs richesses en or, faisaient naître et se développer la prospérité agricole et commerciale.

Les mines d'or ont, en effet, ce premier avantage incontestable de fournir un produit dont le débouché est assuré : ni stock à redouter, ni marché à ménager. Le métal possédant toujours sa valeur intrinsèque, le placement en est facile et immédiat, il n'y a ni concurrence ni crise à redouter.

L'agriculture se ressent aussitôt du voisinage de ces entreprises minières, travail fécond qui vivifie et transforme un pays. C'est ainsi qu'en Californie, dès 1867, la récolte du blé seule dépassait en valeur toute la récolte de l'or. C'est une simple pépite d'or, trouvée en janvier 1848 à la scierie hydraulique du capitaine Sutter qui a produit cette transformation de la Californie, alors pauvre pays inculte et désert, et aujourd'hui pays tranquille, riche et prospère, l'un des plus remarquables du monde entier au point de vue du progrès matériel et intellectuel.

Il est bon de faire remarquer ici que ces placers de la Californie (qui se trouvaient dispersés dans une zone de 800 kilomètres de longueur, sur environ 80 kilomètres de largeur), avaient été indiqués et décrits d'une façon précise dans un ouvrage publié en Espagne par les Jésuites, l'an 1774. Si donc la découverte officielle des mines d'or en Californie date de 1848, leur découverte réelle a eu lieu au siècle dernier.

De même on connaissait dès 1715 les riches placers du Bambouk qui attendent encore aujourd'hui leur exploitation.

A vrai dire, les indigènes exploitent bien, en certains endroits, les couches superficielles d'alluvions modernes. Ce travail dure pendant quelques mois de l'année, dans la saison où les travaux agricoles sont terminés, c'est-à-dire de janvier à mai; il consiste simplement, pour les quelques rares habitants du pays qui s'en occupent (des femmes surtout) à laver les terres aurifères dans une sébille ou calebasse, ou bien à creuser des trous de un à deux mètres de profondeur, d'où le mineur extrait les plus grosses pépites.

Les indigènes du Haut-Sénégal et du Soudan sont d'ailleurs incapables d'exploitations industrielles quelconques, non-seulement par ignorance, paresse et insouciance, mais aussi à cause du manque d'outils et de matériel. Et cependant certaines alluvions aurifères sont enterrées profondément sous le sol, nécessitant alors une exploitation rationnelle et intelligente avec puits et galeries. C'est précisément dans des alluvions anciennes, à 54 mètres de profondeur que l'on trouva en Australie la fameuse pépite appelée le Welcome (bienvenu), et vendue 262.000 fr. à un changeur de Melbourne. Certaines exploitations souterraines (et il s'agit ici seulement des terres alluvionnaires), ont donné des résultats considérables et constitué les plus riches exploitations. Quant aux quartz aurifères existant dans les contreforts montagneux des différents massifs de l'Afrique Occidentale, ils sont absolument inexploitables pour les indigènes, cette sorte d'exploitation aurifère exigeant des travaux considérables avec un matériel important et compliqué.

De tout ceci résulte que les mines et gîsements d'or de toutes ces régions sont encore vierges et véritablement inexploitées, tout en présentant des richesses au moins égales à celles de la Californie ou du Sud-Afrique.

IV

Les Gisements et Mines d'Or en général. — État de l'Or dans la nature. — Différences d'exploitation. — Les placers et les filons dans l'Afrique Occidentale.

Les dépôts aurifères qu'on trouve dans la nature sont de plusieurs sortes et comprennent :

1° Les dépôts primitifs dans les roches encore sur place;

2° Les alluvions anciennes en nappes étendues sur les contreforts;

3° Les alluvions modernes postérieures aux basaltes;

4° Les alluvions contemporaines de l'époque actuelle. (Dans toute l'Afrique Occidentale, les indigènes n'ont tant soit peu fouillé ou gratté que les deux dernières sortes de dépôts : les alluvions modernes et les alluvions contemporaines).

En général, et au point de vue géologique et minéralogique, la formation des grandes chaînes de montagnes qui produisent de l'or est assez régulière : le granit ou la syénite granitique forme généralement les sommets les plus élevés, l'axe des chaînes. Il y a des contreforts se composant de gneiss, de micaschiste et de roches métamorphiques qui ont déjà éprouvé des modifications ignées : ce sont précisément ces contreforts qui sont le siège de nombreux filons de quartz dans lesquels sont disséminés l'or, le platine, et tous les éléments précieux du gîte aurifère. Des roches schisteuses, talqueuses, chloriteuses, terminent le versant et se prolongent jusqu'aux vallées.

Le quartz qui sert de gangue à l'or, c'est-à-dire qui le renferme dans sa masse est blanc-mat, blanc-laiteux, mais rarement limpide; il est encaissé profondément dans les roches anciennes où il forme des filons qui sont quelquefois d'une grande puissance. Dans les gangues de filons, dont la pâte quartzeuse est mélangée et dont la texture est altérée, l'or atteint rarement des proportions d'alliage importantes. Plus le quartz est pur, plus la teneur en or est considérable.

On a remarqué aussi que, du moins jusqu'à présent, l'or n'a jamais été trouvé dans les hauts sommets des chaînes de montagnes; c'est toujours dans les contreforts, dans les versants accidentés qui les accompagnent avant de venir s'étendre dans la plaine et les vallées que l'on rencontre les filons aurifères.

En dehors de ces filons où l'or est en quelque sorte caché dans une gangue d'une dureté excessive (ce qui aurait sans doute empêché de l'exploiter si tôt et si facilement), il y a, comme on l'a vu, les formes sédimentaires ou alluvionnaires présentant l'or d'une façon visible et facile à exploiter.

Ces couches à stratification plus ou moins régulière, composées de sable, de graviers et d'argiles et quelquefois agglutinées par un ciment siliceux, sont les débris arrachés aux roches anciennes par les agents atmosphériques de toute sorte, puis dégradées, désagrégées et charriées par les eaux jusqu'aux endroits qu'elles occupent aujourd'hui.

Les matières ainsi transportées par l'eau ont subi une sorte de triage, d'après lequel elles ont été séparées suivant leur volume ou leur pesanteur, l'or beaucoup plus dense se séparant d'abord des détritus au milieu desquels il était englobé, et s'amassant peu à peu au fond du lit des anciennes rivières ou des vallées de l'ancienne époque géologique. C'est en ces conditions que l'or ainsi déposé forme les placers secs, lesquels sont situés à une certaine profondeur, variant de 15 à 100 mètres, au-dessous de diverses couches basaltiques superposées.

Enfin il y a des dépôts aurifères s'étendant à la surface ou très peu au-dessous de la surface du sol et qui proviennent d'alluvions modernes et contemporaines.

Ce sont ceux-là évidemment qu'on a découverts les premiers et qui ont été aussitôt exploités, puisqu'il suffit de laver le sable superficiel pour en extraire l'or.

La richesse des alluvions aurifères est très variable; et elle varie non-seulement sur les diffférentes parties de la surface des alluvions, mais encore dans la profondeur. La nature des formations alluviennes est d'être superficielle; mais les paillettes d'or occupent dans cette couche quelquefois la surface et le plus souvent les parties profondes. D'ailleurs la vitesse des cours d'eau, leurs remous, leurs coudes, les obstacles qu'ils ont rencontrés, leur plus ou moins de profondeur sont autant de causes de modifications des gisements sablonneux aurifères. Mais ce qui est incontestable, c'est que les couches aurifères n'ont toujours qu'une épaisseur limitée, et que leur exploitation n'a également qu'une certaine durée.

Cependant les exploitations aurifères les plus fructueuses sont précisément les lavages des sables ou placers. Là, l'exploitation de l'or est profitable parce que la nature a fait les trois quarts du travail du mineur et même du métallurgiste ; le puissant laboratoire dont dispose la nature a disloqué la roche encaissante, concassé et réduit en petits fragments toute la gangue, et trituré, broyé sur place le minerai pour le réduire en sable, ne laissant plus à l'exploitant que le simple et facile travail du criblage, du triage à la main ou avec les différents appareils, et parfois l'amalgamation au mercure.

Ainsi l'on comprend très bien que si l'on voulait comparer la richesse des filons avec celle des sables, il faudrait bien se donner garde de prendre les chiffres à leur valeur brute.

Les filons sont cachés dans le sein des roches, d'où il faut les extraire, les tirer, les cribler et les concentrer avant de les obtenir au même état que les sables naturels : il faut donc ajouter au minerai provenant des filons toutes les sommes dépensées pour les travaux préparatoires des mines, l'abattage, le cassage, le criblage, et tout ce qui constitue l'exploitation en roche.

Les sables n'exigent aucune exploitation préliminaire de cette nature ; ils sont pris non-seulement avec l'avantage de l'extraction, mais encore à un état de concentration très avancé, exigeant parfois seulement un criblage préparatoire.

Les sables contenant un millionième d'or sont parfaitement exploitables avec les frais largement compensés, surtout si on procède d'une façon rationnelle ; mais pour l'or en filons on n'exploiterait pas des quartz contenant trente et même quarante fois cette proportion. Si on les exploite à moins, c'est que les mêmes gîtes contiennent aussi d'autres minéraux moins précieux que l'or, mais plus abondants, qui couvrent une grande partie des dépenses faites pour l'extraction.

Aujourd'hui avec les moyens dont on dispose, on peut *laver* les sables aurifères, du moins certains sables d'alluvions anciennes, avec un prix de revient de *trente centimes par tonne* ou mille kilogrammes ; quant aux filons aurifères, le prix de revient de la main-d'œuvre et de tout le travail jusqu'à extraction de l'or est d'environ *cent francs par tonne*.

On voit aussitôt la différence entre les deux genres d'exploitation.

Toutes ces précédentes considérations s'appliquent exactement au *conditionnement* de l'or dans les différentes régions de l'Afrique Occidentale.

Il y a les gisements d'or en alluvions anciennes et modernes ou *placers* et les filons aurifères, ces derniers étant toutefois beaucoup moins connus que les placers. Et ceci s'explique encore par la difficulté et même l'impossibilité où seraient les indigènes d'exploiter les filons de quartz aurifère.

Cependant au Konkadougou, on peut constater l'existence de l'or en veines puissantes dans un filon de quartz sur le flanc d'une montagne, près du point de partage des eaux du Bafing et de la Falémé. Les indigènes ont exploité quelque peu ces filons, mais d'une façon bien insignifiante, et en se servant simplement de marteaux pour détacher péniblement quelques fragments de la roche aurifère. Aussi nomment-ils *sanou birro* l'or en filons, et *sanou moundo* celui des sables d'alluvions.

Le Bambouk qui semble être la principale région aurifère de l'Afrique occidentale, présente presque partout un terrain accidenté, beaucoup de collines formant des chaînes allongées avec des cônes et des buttes dont le sommet est aplati.

L'altitude moyenne du pays est d'au moins trois cents mètres. Le sol, assez variable, est composé surtout de divers dépôts : terres d'alluvion formées de sable, de cailloux quartzeux et d'argile schisteuse, le tout supporté par une roche de grès ferrugineux, quelquefois accompagné de bancs de trachyte.

Les plus riches gisements d'or sont situés autour des monts Tambaoura, sur des collines basses et dans des vallées, la plupart désertes. C'est surtout dans le lit et sur le bord des ruisseaux descendant du Tambaoura qu'on trouve les pépites en plus grande abondance, quelques unes atteignant même un poid considérable, cinquante à cent grammes d'or pur.

L'un de ces ruisseaux porte d'ailleurs un nom très significatif : c'est le *Sanou-kholé* ou la Rivière d'Or, qui sort du Tambaoura dans la direction Sud-Est Nord-Ouest pour aller se jeter dans la Falémé. La rivière coule au fond d'une vallée assez profonde formée par deux lignes de collines qui suivent la rivière jusqu'à la Falémé. Le lit et les bords de la rivière sont extrêmement riches en or, et on y rencontre de grosses paillettes et des pépites d'un certain poids, plus ou moins arrondies par le frottement au milieu des graviers.

C'est précisément dans des endroits analogues, en Californie, qu'on a trouvé certaines alluvions d'une étonnante richesse. Ainsi à Coyotte-Ravine, près de Nevada, on exploita quelque temps dans le creux d'un ravin un sable qui rendait *neuf pour cent* de son poids en or; et près de là, à Scott-Barr, dans le lit d'un ruisseau, on a pu voir quinze mineurs réunis en compagnie, d'ailleurs mal outillée, qui en deux mois ramassèrent pour 800,000 dollars, soit quatre millions de francs d'or pur.

Il est bien certain qu'un grand nombre de ruisseaux et de ravins desséchés de la région ouest-africaine présente des conditions analogues au point de vue de la présence et de l'abondance de l'or. Et au Bambouk, de même qu'au Fouta-Djallon, c'est précisément sur le bord de certains ruisseaux que les indigènes font les plus riches récoltes d'or pendant les quelques mois qu'ils y consacrent chaque année.

Mais là encore, ce ne sont que des alluvions modernes et contemporaines, les seules que puissent exploiter les indigènes avec leurs moyens rudimentaires, tandis que les filons et les couches d'alluvions anciennes sont vierges encore de toute exploitation et de toute recherche de leur part.

V

Exploitation de l'Or. — Moyens et procédés divers. — Batée, berceau ou rocker, longtom, rigole ou sluice. — Méthode hydraulique. — Lances et Monitors. — Broyage et amalgamation. — Méthodes nouvelles.

Le seul appareil employé pour le lavage des terres aurifères par les indigènes de l'Afrique Occidentale est la simple batée, formée par une calebasse dont la contenance varie de cinq à huit litres.

C'est ce même ustensile, en fer ou en bois, qui a été employé aussi par les orpailleurs et mineurs de tous les pays aurifères, même ceux de la Californie. Il était suffisant pour des mineurs travaillant seuls et isolément avec des sables d'une certaine richesse.

D'ailleurs la batée ou sébile est toujours utile et d'un emploi facile pour apprécier sommairement la valeur de la terre ou du sable aurifère.

La vraie batée californienne a une forme tronconique très évasée, analogue à un grand plat ou poêle à frire; sa dimension moyenne est de 30 à 33 centimètres de diamètre au fond et de 35 à 45 à la partie supérieure avec une profondeur d'environ 8 centimètres.

Quand on s'est mis à employer le mercure pour retenir et dissoudre les plus faibles parcelles d'or contenues dans le sable, on a fait les batées en fer battu; si l'on avait employé le fer-blanc, l'étain aurait été dissous par le mercure.

Pour employer la batée (qu'elle soit en fer ou en bois, peu importe), le mineur la remplit à moitié avec la terre ou le sable à laver, et il plonge le tout dans l'eau. Alors tout en tenant la batée des deux mains, il exécute une série de mouvements oscillatoires à droite et à gauche, en avant et en arrière et incline de temps à autre l'appareil. L'eau boueuse est ainsi entraînée peu à peu au dehors avec toutes les matières légères, terres ou argiles, puis les plus lourdes, sables, petits cailloux, morçeaux de quartz ou silex, fragments de rochers désagrégées. Toutes ces matières occupant bientôt seules la partie supérieure au fond de la batée, il suffit d'incliner doucement la batée ou sébille pour que ces matières s'échappent avec l'eau, ne laissant plus qu'un résidu généralement composé de : gros grains de quartz blancs, rosés ou laiteux, oxyde de fer noir et paillettes d'or reconnaissables à leur couleur et à leur éclat.

Au commencement des exploitations aurifères modernes, la batée était presque exclusivement employée; et comme les terres étaient alors très riches, un bon mineur pouvant faire 100 à 125 batées par jour, produisait ainsi un travail journalier de plusieurs centaines de francs.

Après la batée, qui reste encore sous forme de calebasse l'appareil unique des indigènes du Soudan, on employa en Californie le *rocker* ou berceau, se composant de trois parties principales distinctes et mobiles : le crible ou la grille, le tablier ou plan incliné, et la boîte ou corps du berceau. On appelait ainsi cet appareil en raison de sa forme et de la façon dont on lui imprimait un certain balancement. Le berceau n'est pas autre chose que la combinaison très simple du crible et de la table à secousses en usage dans la préparation ou l'enrichissement des minerais métallifères. Deux hommes travaillant au berceau, l'un fouillant et portant les terres, l'autre manœuvrant le berceau, peuvent traiter a peu près 4,800 kilogrammes de terres par jour.

Le *longtom* fut encore un progrès sur le rocker. Il se compose d'un bout de canal en bois dans lequel arrive un courant d'eau, plus d'un second canal venant à la suite du premier, en s'élargissant d'un façon considérable à l'extrémité inférieure. A cet endroit le fond, muni d'une grille, laisse passer l'eau et les sables qui tombent dans une sorte de caisse inclinée, barrée par deux traverses en bois, l'une au milieu, l'autre à l'avant lesquelles retiennent l'or et les matières lourdes.

Le *longtom* fait deux fois plus de travail que le berceau, c'est-à-dire que deux hommes peuvent facilement y traiter 9 à 10 mille kilogrammes de terre par jour, et par conséquent laver avec avantage des terres ne renfermant que 1 fr. 50 d'or par tonne.

Le *sluice* ou rigole est un long couloir de bois, légèrement incliné et formé de pièces ajoutées bout à bout où l'eau court dans toute la longueur. La dimension du *sluice* est assez variable, depuis 0,30 centimètres de largeur jusqu'à un mètre et un mètre vingt. Dans ces dernières proportions, et ainsi agrandi, le *sluice* prend le nom de *flume*. Le travail en est très simple. A la tête de la rigole on jette à la pelle les terres à laver : elles sont entraînées par l'eau, et la majeure partie de l'or est retenue par des obstacles mis en travers du parcours, par exemple des baguettes ou tringles de bois disposées en treillis. Souvent on ajoute des godets transversaux pleins de mercure et établis à demeure, ou d'autres fois on verse du mercure libre qui accompagne les sables à leur descente et dissout l'or pendant le trajet.

Le travail au sluice se fait généralement pour les exploitations d'une certaine importance, chaque rigole pouvant occuper dix, vingt et même trente mineurs à la fois : les terrassiers armés du pic préparent les terres, les chargeurs jettent les terres et les sables dans la rigole, tandis que d'autres, les laveurs, remuent le tout dans la rigole avec des fourches aux dents de fer. On attend généralement plusieurs jours avant de faire la cueillette du métal qui reste fixé dans les interstices et les aspérités de la rigole ou amalgamé avec le mercure. Dans les *flumes* ou grandes rigoles, on fait quelquefois venir l'eau de loin, et le plus souvent on ne recueille l'or qu'après plusieurs semaines de travail.

C'est avec ce système de rigoles, sluices ou flumes que l'on combine la méthode dite *hydraulique* qui fut inventée en 1852 par un mineur californien. On ne peut se faire une idée de sa puissance qu'après l'avoir vu mettre en pratique sur le terrain même de l'exploitation.

Cette méthode hydraulique avec ses *monitors* et ses *sluice-boxes* ou canaux d'amalgamation consiste essentiellement à bouleverser, entraîner et laver les terres au moyen de puissants jets d'eau, lancés sur des escarpements pratiqués dans les terrains aurifères. Ces terrains auxquels s'applique particulièrement la méthode hydraulique sont les placers secs (*dry diggings*), ou terrains d'alluvion ancienne, généralement moins riches que ceux d'alluvions modernes. Il faut quelquefois amener l'eau de très loin et coûteusement pour ces sortes d'exploitations. Mais les avantages de l'entreprise compensent largement les frais de l'installation.

Au moment d'attaquer par l'eau le gravier ou *conglomérat*, on dispose l'ajutage devant le talus taillé et pratiqué verticalement; on peut même avoir deux et trois ajutages (*lances* ou *monitors*), de façon a obtenir un front d'attaque plus étendu, suivant la quantité d'eau dont on dispose et l'importance des gisements et de l'exploitation.

On commence généralement par affouiller le terrain à la base ou par l'entamer à la poudre ou à la dynamite, de façon à mieux faire pénétrer et agir les jets d'eau. Ces lances, dirigées par un mineur sont articulées de façon à suivre les directions et inflexions voulues; les jets ont d'autant plus de force que la pression est plus élevée, et cette pression atteint souvent plusieurs atmosphères.

Les jets d'eau, ainsi lancés par un ajutage dont l'extrémité ou lance a un diamètre de 0,12 à 0,17 centimètres viennent frapper avec une force prodigieuse jusqu'à 60 mètres de distance la masse du gravier aurifère qui s'écroule et disparaît rapidement, s'éboulant avec fracas, tandis que des masses énormes se détachent tout d'une pièce pour être bientôt broyées et délayées, puis entraînées par l'eau vers les *sluice-boxes* ou canaux d'amalgamation.

C'est dans ces canaux que l'or se sépare des matières étrangères, pierres, sable, argile, etc., qui sont entraînées par l'eau au dehors, tandis que l'or se dépose, demeurant au fond et dans les interstices du sluice ou s'amalgamant avec le mercure des *sluice-boxes* dont on le sépare plus tard.

Pour cette exploitation, on emploie les *flumes* proprement dits ou grands canaux; et le rendement est tel qu'on peut avantageusement attaquer des terres ne donnant que *trente centimes* d'or à la tonne.

On a dit justement à propos de ces exploitations hydrauliques qu'il est : « impossible d'opérer avec moins de monde et des moyens plus simples sur des milliers de mètres cubes de sable aurifère, impossible de convertir plus vite des collines et des montagnes tout à l'heure encore florissantes en une vallée désolée, mais où *le sable devient or !* »

En considérant d'ailleurs l'énorme puissance de ces prodédés hydrauliques on peut remarquer précisément que l'homme, pour s'emparer des trésors enfouis dans ces terres d'alluvion aurifères, emploie les mêmes forces dont la nature s'est servie pour les y accumuler ou disperser.

Grâce à ces tout puissants moyens d'exploitation, on peut, avec une batterie de deux ou trois monitors et un personnel de vingt à trente travailleurs, traiter chaque jour quatre à cinq mille tonnes de terres aurifères.

Tout ce qui précède s'applique aux placers ou gisements d'or constitués, ainsi que nous l'avons vu, par les terres d'alluvions. Les lavages par n'importe quelle méthode ne sont que l'imitation plus ou moins ingénieuse du lavage naturel des terres dans les cours d'eau qui les entraînent en laissant çà et là déposer l'or. Il faut surtout savoir, dans ces exploitations, régler le volume et la pente de l'eau suivant la quantité et la grosseur des sables, des graviers et des paillettes ou pépites d'or. Il n'y a pas de formule précise à cet égard : c'est une affaire d'observation et d'habitude.

Les mines d'or proprement dites ou filons quartzeux aurifères exigent des procédés d'exploitation tout différents, beaucoup plus compliqués et dispendieux, et nécessitant la connaissance parfaite des opérations minières.

Ces filons d'or ou mines de quartz aurifère sont des gîtes en place et massifs tandis que les placers sont des gîtes de transport, véritablement meubles : pour les placers, il suffit de quelques mineurs avec de simples outils et de grossiers appareils de lavage, mais avec les mines de quartz aurifère il faut aussitôt les capitaux, l'important outillage et la science réelle.

En réalité, le travail des mines de quartz comprend deux opérations spéciales et bien distinctes : l'une, purement mécanique, consiste dans l'extraction et le triage du minerai; l'autre, tout à la fois mécanique et chimique concerne le broyage du minerai et l'amalgamation ou dissolution de l'or dans le mercure. Une autre opération, d'ailleurs simple et facile, consiste à distiller l'amalgame d'or dans une cornue de fer : le mercure se volatilise et vient se condenser dans un récipient extérieur, tandis qu'un culot d'or presque pur reste au fond de la cornue.

Toutes ces opérations peuvent s'appliquer intégralement à l'exploitation des gisements et mines d'or de l'Ouest-Afrique; mais en raison de la facilité d'exploitation et des avantages considérables et immédiats des placers ou terres d'alluvion aurifères, c'est ce genre d'exploitation qui doit tout d'abord être mis en œuvre et qui suffira d'ailleurs pendant de longues années pour les plus riches rendements.

En dehors de tous les appareils et systèmes précédents pour l'exploitation de l'or, il y a aujourd'hui de nouvelles machines à trier et laver l'or qu'on emploie en Australie et surtout dans le Sud-Afrique au Transvaal; ces appareils, outre l'économie de main-d'œuvre, produisent un travail des plus avantageux à tous point de vue.

La main-d'œuvre est assurément à bon marché dans toute l'Afrique Occidentale; mais en raison de l'apathie et de la paresse des indigènes, les exploitations aurifères à y établir devront posséder le matériel le plus perfectionné : *sluices mobiles circulaires, tarares hydrauliques, tables de triage et d'amalgamation.*

Le transport en est très facile jusque sur les terrains aurifères et dans toute leur étendue; en outre, l'abondance de l'eau assure le facile emploi de tous les appareils laveurs s'appliquant au traitement des alluvions aurifères.

L'outillage perfectionné est d'ailleurs en toute entreprise l'un des principaux éléments de succès et l'une de ses meilleures garanties.

VI

Climat d'Afrique. — Ressources locales. — Main-d'œuvre. Transports. — Marchandises européennes.

Le climat et les productions ou ressources du pays sont encore des considérations d'un intérêt capital.

Au Sénégal, au Bambouk et dans tout le Soudan Occidental, il existe deux saisons dont les phénomènes sont tellement tranchés et bien déterminés, que l'étude du climat de ces contrées doit avoir pour base cette division de l'année.

De décembre à mai, c'est la saison sèche, avec une température variable suivant les localités, température dont la moyenne est de 21° sur les côtes et 26° à l'intérieur des terres; de juin à novembre, c'est la saison des pluies, dont la température moyenne sur les côtes est de 27°, tandis qu'à l'intérieur du pays elle est de 28°.

Pendant la saison sèche, les arbres perdent leurs feuilles, l'herbe se dessèche; durant ces six mois de l'année, c'est à peine s'il tombe quelques gouttes d'eau, mais les rosées des nuits sont très abondantes. Les eaux du fleuve baissent de jour en jour, et dès le mois de décembre, il n'est plus navigable que pour les chalands et les bateaux d'un faible tirant d'eau, tandis que pendant l'hivernage de juillet à novembre, les avisos et les bateaux à vapeur peuvent le remonter jusqu'à 1000 kilomètres de son embouchure.

L'époque de l'hivernage est aussi la saison des cultures; et grâce à l'humidité et à la chaleur qui règnent à ce moment, les indigènes obtiennent en quelques mois toutes les récoltes de mil, millet, maïs, arachides, etc., nécessaires à leurs besoins.

C'est pendant cette saison des pluies que le Sénégal et la Gambie subissent leurs crues périodiques. A partir de juillet, l'ascension du fleuve devient très rapide, cette brusque ascension coïncidant avec les grandes pluies; puis la baisse commence en octobre pour continuer jusqu'en mai.

Le Sénégal n'est navigable que pendant cinq à six mois de l'année pour les bateaux d'un fort tonnage, mais pour les chalands et les bateaux plats ou d'un tirant d'eau ne dépassant pas 80 centimètres à 1 mètres, il est navigable toute l'année, au moins jusqu'à la Falémé.

On peut donc, pendant les douze mois de l'année, aller en bateau de Saint-Louis au Bambouk, en remontant le Sénégal et la Falémé, transport commode et économique, à condition de donner aux bateaux une forme spéciale avec un faible tirant d'eau. On pourrait, à défaut de communication par l'eau, faire les voyages et transports par terre, en suivant les chemins même accessibles aux charriots; mais il est évidemment préférable d'employer la navigation fluviale puisqu'elle est possible et même facile en tous temps.

Les gisements aurifères commencent à environ 600 kilomètres de Saint-Louis, sur la rive droite de la Falémé : la route est donc assez courte et commode pour y parvenir puisqu'il suffit de remonter le Sénégal jusqu'au dessus de Bakel pour prendre ensuité la Falémé et la remonter au-delà de Senoudebou jusqu'à Sansandig.

Des compagnies anglaises ont su installer de riches et importantes exploitations aurifères dans le Sud-Afrique, à plus de 1200 kilomètres de la côte, et là où il n'y avait ni chemins ni rivières pour faciliter les voyages et les transports.

Mais à l'égard des régions qui nous intéressent, on peut constater que les conditions pour les voies et moyens de communications sont véritablement exceptionnelles avec les deux grands fleuves qui desservent le pays ; et il ne faut pas quinze jours actuellement pour aller de Bordeaux jusque sur les placers du Bambouk.

Le climat de ces différents pays est assez variable suivant les localités ; mais, en général, il est chaud, surtout au Sénégal et dans certains endroits de l'intérieur. Il faut toutefois excepter certaines régions montueuses du Haut-Sénégal et du Kaarta où le climat est plus tempéré, avec des hivers assez froids ; c'est ainsi que dans le Kaarta, on voit souvent de la glace en décembre et en janvier.

Toute la saison sèche, même dans le Bas-Sénégal est parfaitement saine et agréable, la chaleur n'étant un peu gênante que par le vent d'Est ou *harmattan* qui arrive du Sahara ; mais les parties élevées ou montagneuses du pays, en raison de leur altitude, de leur boisement et de l'abondance de l'eau possèdent un climat beaucoup plus tempéré. La saison des pluies serait partout moins salubre, à cause de la chaleur moite qui règne plus ou moins suivant les localités, et surtout à cause des miasmes qui, vers la fin de la saison pluvieuse, s'élèvent des marigots ou vastes espaces remplis par l'eau des pluies ou du fleuve. Mais ce n'est pas là une cause absolue d'insalubrité; et avec de simples précautions hygiéniques, les Européens peuvent impunément et sans le moindre inconvénient passer plusieurs années d'une façon consécutive soit dans toute l'étendue du Soudan Occidental, soit dans ce qu'on appelle le Haut-Sénégal ou Haut-Fleuve, soit sur les côtes, dans le Bas-Sénégal. Il faut, à ce propos, citer entre autre, l'opinion du général Faidherbe : « Pour prouver, dit-il, combien le Haut-Sénégal est moins malsain qu'on ne croit, quand on y est convenablement installé, il me suffira de vous dire que j'y avais laissé, en 1857, neuf officiers ou employés ayant rang d'officiers, tous européens. Je les ai trouvés tous très bien portants en 1858, et la plupart d'entre eux demandant à y passer une nouvelle année. » *Revue Coloniale, tome XX, page* 670.

Il serait imprudent peut-être de compter exclusivement sur des ouvriers européens pour les travaux miniers; mais les employés et ouvriers spéciaux ainsi que les contre-maîtres mineurs peuvent fournir un excellent concours, comme on le voit d'ailleurs en ce moment pour d'autres entreprises au Sénégal ou dans le Haut-Fleuve.

Il ne faut pas du reste juger d'un pays et de sa salubrité d'après les bulletins militaires et le chiffre de la mortalité chez des soldats en campagne ; à ce compte là, tous les pays d'Europe, y compris la France, fourniraient des statistiques effrayantes.

La vérité, c'est que l'européen, transplanté tout à coup dans certaines régions de l'Afrique, comme le Sénégal et le Soudan, est obligé au moins les premiers temps de son séjour à des soins hygiéniques, à des précautions spéciales; mais l'acclimatement se fait peu à peu, de façon à pouvoir aisément y passer plusieurs années même en fournissant une certaine somme de travail.

Quand à la main-d'œuvre pour travaux quelconques, on la trouve facilement dans toute cette partie de l'Afrique, moyennant un salaire journalier de 2 francs par jour sans la nourriture. Si l'indigène est nourri, ce qui est préférable dans bien des cas, et l'indigène lui-même le préfère généralement, son salaire n'est plus que de 1 fr. 50 par jour. Il y a loin de ces chiffres à ceux de la Californie où tous les ouvriers pour travaux miniers sont payés 20 à 30 francs par jour.

Il est aussi une question qui intéresse les exploitations minières : c'est celle du bois pour travaux et pour combustible. A cet égard le Haut-Sénégal et le Bambouk fournissent des ressources inépuisables, et le transport de ces bois est facile par la voie des fleuves et des rivières.

Pour les vivres, c'est encore l'abondance avec le bon marché : bœufs, moutons, chèvres, volailles, laitage, gibier de toute sorte avec les provisions et conserves variées qu'on peut si facilement transporter jusque là.

Enfin l'eau, cet élément si nécessaire soit comme force et pouvoir hydraulique, soit comme facteur principal pour le traitement et le lavage des alluvions aurifères, l'eau existe partout et précisément en plus grande abondance dans toute l'étendue des territoires aurifères.

Une dernière considération à propos des exploitations aurifères dans toute l'Afrique Occidentale : il s'agit des marchandises européennes. Ces marchandises, choisies judicieusement et conformes aux goûts, aux habitudes et aux besoins des indigènes auraient à jouer un rôle important. Ces marchandises, en effet, pourraient presque suffire pour le payement de la main-d'œuvre indigène dans ces pays où l'on ne fait aucun cas de la monnaie européenne. De plus, elles serviraient pour acheter tout l'or brut produit par les indigènes, et dont le chiffre, assez considérable, pourrait être encore considérablement augmenté quand ils verraient la possibilité et la facilité d'échanger l'or contre des objets et marchandises de toute sorte.

VII

Production de l'Or dans le Monde entier. — L'industrie de l'Or. Conclusions.

D'après la statistique fournie par le gouvernement français, la production de l'or est montée en 1886 à *cinq cent vingt millions* de francs (520.000.000) pour le monde entier.

La France compte dans cette production seulement pour 1,804 kilogrammes d'or d'une valeur de *six millions cent soixante-quinze mille francs* provenant principalement de la Guyane, et c'est tout! C'est tout... quand dans les territoires de l'Afrique Occidentale qui dépendent de la France ou sont placés sous son protectorat, la France pourrait trouver une production d'or égalant celle de la Californie ou des mines du Transvaal. C'est l'Angleterre, l'Amérique et la Russie qui produisent tout le reste de l'or extrait des mines et gisements en 1886, soit plus d'un demi-milliard.

Ainsi dans cette récolte annuelle de l'or, tout passe aux mains de l'Amérique et de l'Angleterre, la France n'y figurant que pour une fraction insignifiante. Il y a là un danger réel pour notre fortune publique, parce que toute chose s'achetant avec de l'or, si nous n'augmentons pas notre stock en or quand nos rivaux en accaparent toute la production, nous devrons fatalement subir une défaite financière dont le contre-coup se fera sentir partout chez nous, même sur les fortunes privées.

Certaines exploitations aurifères, principalement au Transvaal, ont eu dernièrement et possèdent encore à l'heure actuelle un succès qui montre bien ce que valent les *véritables* mines d'or : « La concession *Salisbury*, située tout près de la ville de Johannesburg n'est que d'une contenance de 6 claims 1/4, soit environ quatre hectares et demi... C'est le 1er septembre 1887 que le broyage du quartz a commencé ; en février suivant, le premier dividende a été payé aux actionnaires... Dans les sept premiers mois de l'exploitation, il a été distribué aux actionnaires *soixante deux et demi pour cent* de dividendes. Et par la plus-value de leurs actions, ils gagnent près de 14 fois le capital qu'ils y ont engagé. » *Journal des Mines*, 8 *novembre* 1888.

La compagnie anglaise *De Villiers* a vu ses actions monter de 25 fr. à 1,375 fr.; et le capital primitif de 1.250.000 fr. représente aujourd'hui 70 millions. Cette concession, qui n'est encore que de quelques hectares, a produit au mois de novembre 1888 un demi-million d'or.

Il y a ainsi un grand nombre d'entreprises minières au Transvaal dont la situation est plus que florissante.

On connaît aussi le fabuleux succès du *Callao*.

La première exploitation avait un capital de 900.000 fr. On vit alors, en 1871, des parts de 4.000 fr. rapporter 10.000 fr. par mois; et en 1883, il y a eu des dividentes mensuels de 25.000 fr. par action.

Le rendement de 1883 est basé sur la moyenne des cinq dernières années. A partir d'avril 1883, la mine *El Callao* produsait 540 kilog. d'or par mois, soit 6480 kilog. par an valant dix-neuf millions quatre cent quarante mille francs (19,440.000 fr.).

Tout ce qui précède a surtout pour but de montrer, que s'il y a eu trop souvent des entreprises minières mal choisies, mal engagées ou de nulle valeur, il y a aussi de sérieuses et magnifiques entreprises réalisant bien l'idéal de la *mine d'or*.

Mais ces exploitations aurifères, même les plus riches, ne sont pas inépuisables; et elles auront tôt ou tard leur déclin et même leur fin.

L'or du Transvaal disparaîtra comme a déjà presque disparu l'or de la Californie.

Chez nous, dans notre Guyane, l'industrie aurifére baisse de jour en jour. Les terres alluvionnaires, travaillées jusqu'à maintenant sont en partie épuisées. Il faut désormais compter avec les filons plus ou moins exploitables et d'un rendement douteux.

Du reste, à Londres même, on commence à se préoccuper de la rareté certaine de l'or à un moment donné.

C'est uniquement par le crédit, et au moyen de la monnaie fiduciaire, du papier, que beaucoup d'entreprises et exploitations modernes ont pu fonctionner; mais on ne peut indéfiniment créer du papier, et le crédit a de justes limites. La vérité, c'est que le monde actuel, y compris la France, a besoin d'or.

« C'est uniquement dans la production universelle del'or que se trouve la seule sauvegarde pratique... Et voilà pourquoi on doit mettre un empressement plus vif que jamais à favoriser le développement et la création nouvelle de quantité de mines d'or. » *Bulletin des Mines, novembre* 1888.

Et le jour où l'on ira exploiter d'une façon sérieuse et rationnelle les richesses aurifères de l'Afrique Occidentale, il y aura ainsi tout à la fois un élément nouveau pour la fortune publique en France, une influence certaine en faveur de notre expansion coloniale, et un moyen sûr et puissant pour l'action et le développement de la civilisation en Afrique.

29724 — Imp. Noailles, 2, pl. du Caire, Paris.

www.ingramcontent.com/pod-product-compliance
Ingram Content Group UK Ltd.
Pitfield, Milton Keynes, MK11 3LW, UK
UKHW022320170726
13837UKWH00005BA/2092